AUDIENCE DU 15 JUILLET 1867

AFFAIRE BEREZOWSKI

ATTENTAT CONTRE LA PERSONNE

DE

S. M. L'EMPEREUR DE RUSSIE

RÉQUISITOIRE ET RÉPLIQUE

DE

M. LE PROCUREUR GÉNÉRAL DE MARNAS

PARIS

E. DONNAUD

IMPRIMEUR DE LA COUR IMPÉRIALE ET DES TRIBUNAUX

9, RUE CASSETTE, 9

1867

—◁◦▷—

AFFAIRE BEREZOWSKI

RÉQUISITOIRE ET RÉPLIQUE

DE M. LE PROCUREUR GÉNÉRAL DE MARNAS

MESSIEURS LES JURÉS,

Je viens, avec vous, caractériser et définir la tentative impie du mois dernier : tel est, en effet, l'unique but assigné à nos communs efforts. L'accusé avoue son crime, la longue préméditation qui l'a préparé ; il en retrace les moindres détails sans remords, sans émotion. Il exprime de détestables regrets. Et cependant, où l'émotion et le remords auraient-ils plus naturellement leur place ? Voilà un proscrit qui, sur ce sol hospitalier, a trouvé secours et sécurité : le secours, il l'a employé à acheter une arme meurtrière ; la sécurité, à préparer en silence un odieux attentat qu'il accomplira un jour de fête publique. Pour atteindre le Czar que poursuit surtout sa vengeance, il ne craint pas de semer la mort au milieu

de la foule, au risque de frapper l'Empereur lui-
même.

En face de cette perversité intense et si étrange-
ment naïve, vous vous demandez, Messieurs, quel
coupable vous avez à juger. Ce coupable, il faut à la
fois vous le faire connaître et lui faire comprendre
l'énormité de son crime.

L'accusé, — les débats vous en ont dit l'histoire,
— appartient à une honnête famille de la Wolhynie,
restée tout entière à l'écart des agitations politiques. Son
père vit en Russie et y exerce une profession libérale ;
ses frères, sa sœur, sont demeurés près de leur aïeule
ou ont été rejoindre leur père : sur ce point, les décla-
rations de l'accusé ont varié. Mais ce que je tiens es-
sentiellement à constater, — car on a répandu de sin-
guliers récits, — c'est qu'aucun d'eux n'a souffert du
gouvernement russe dans ses biens, dans sa personne,
dans son honneur. Berezowski l'a formellement reconnu ; et quand, plus tard, revenant sur ces affirma-
tions sincères, il a dit que « tous avaient souffert parce
que la Pologne souffrait, » j'oppose à cette étrange ex-
plication l'isolement dans lequel le laissent les siens et
leur réprobation. Quoi qu'il en soit, soumission ou
pressentiment d'une lutte inutile, tous les membres
de la famille, excepté l'accusé, ont été étrangers au
soulèvement de 1863.

Quant à lui, le 8 mai de cette année, il rejoint les insurgés et on l'incorpore dans le régiment des lanciers de Wolhynie. Au bout de quelques semaines, après deux ou trois rencontres, le sort des armes oblige ce régiment à se réfugier en Gallicie. Berezowski attend là, caché chez des compatriotes, pendant près d'une année, que les chances de la guerre le ramènent en Pologne.

Mais la fortune trahit l'énergie de l'insurrection. Le gouvernement autrichien met la Gallicie en état de siége ; Berezowski doit quitter sa retraite. Il se rend à Munich, je crois, puis à Manheim, plus tard à Liége, où il trouve du travail comme ajusteur sur métaux ; le salaire était médiocre et se bornait à la nourriture et au logement.

Berezowski, se souvenant alors du colonel sous les ordres duquel il avait servi, écrit à M. Rutchesky et lui demande de lui trouver à Paris, qu'il habite, un asile et de l'ouvrage. Rutchesky lui vient en aide et le place successivement dans divers ateliers où il demeure du 7 février 1865 au 6 juillet suivant.

Vous avez entendu ses patrons ; ils s'accordent à le représenter comme travaillant sans aptitude et sans goût, peu mêlé à la vie de ses camarades ; du reste, d'habitudes régulières et n'ayant encouru aucun reproche sérieux. Il entre plus tard à l'institution Jauffret et y reste tant que les subsides du gouvernement et les secours du comité polonais le lui permettent. On a signalé son ardeur à s'instruire, les témoignages empressés de ses maîtres.

Au commencement de janvier 1866, il reprend ses occupations habituelles, et nous le voyons vivre de son état jusqu'au 30 avril dernier. C'est durant cette période que se place une démarche jusqu'ici mal expliquée et sur laquelle nous appelons votre attention : il sollicite de l'ambassade russe l'autorisation de rentrer dans son pays ; puis sur les conseils de ses compatriotes, il renonce à ce dessein.

Enfin, il y a deux mois, le bruit de la visite du Czar à Paris se répand ; Berezowski quitte son atelier. La vie laborieuse et régulière de l'ouvrier répugne aux projets violent qu'il médite ; il préfère demander à l'oisiveté et à la solitude je ne sais quelles malsaines excitations. On doit penser qu'il consacra plus que jamais son loisir à des lectures propres à confirmer, en les exaltant, ses intentions régicides. Vous savez de quels ouvrages était composée sa chétive bibliothèque, et que le plus souvent feuilleté de ses livres était celui qui retraçait avec complaisance l'histoire des assassinats de Henri III et Henri IV.

Parla-t-il de ses projets à quelques-uns de ses compatriotes ou de ses anciens camarades d'atelier? chercha-t-il des encouragements ou des complices?

Berezowski l'a nié énergiquement.

L'instruction a vérifié avec un soin scrupuleux toutes les indications qui ont été fournies. Elle a soumis à son contrôle les plus futiles rumeurs ; ses investigations sont demeurées sans résultat, et elle peut affirmer que, comme il a seul accompli son crime, seul il l'a médité et préparé.

Vers les derniers jours de mai, la date exacte de l'arrivée du Czar est connue : il entrera à Paris le 1er juin. L'heure du crime depuis longtemps résolu s'avance. Berezowski va passer les courts instants qui l'en séparent à Mouy, près d'un ouvrier, son compatriote, chez qui déjà il avait travaillé.

Quel mobile l'a conduit à retourner à Mouy, alors que, loin d'espérer y pouvoir rien gagner, il épuisait dans ce voyage ses dernières ressources?

N'en doutez pas, il a voulu pendant ces heures suprêmes, éviter toute rencontre, tout conseil salutaire et demeurer seul face à face avec la pensée de son.

crime ; il avait conscience que l'isolement le forti-
fierait dans son détestable dessein.

Mais le Czar arrive à Paris, et Berezowski y rentre
lui-même par le train qui précède celui de l'empereur
de Russie. Il s'arrète à la gare pour voir le souverain
qu'il ne connait pas ; il le voit, en effet, à son aise
et de près ; et ne peut plus craindre que sa main
s'égare. L'attentat sera prochainement accompli. Cependant, pour être plus sûr de réussir, l'accusé veut
de nouveau se trouver en présence de sa victime. Le
4 juin au soir, il se rend aux abords de l'Opéra. Au
moment où le Czar monte en voiture, Berezowski se
signale par un empressement perfide et par ses cris
de : Vive l'Empereur ! Alexandre II, avançant la tête à
la portière, salue, en se découvrant de telle sorte que,
si Berezowski eût été armé, suivant son expression,
« la chasse eût été bonne. »

De ce moment, toute méprise est impossible,
l'accusé s'en est assuré. « Je ne croyais pas, dit-il,
qu'il fût si facile d'aborder un czar. » Le jour suivant,
il achète l'arme que vous avez sous les yeux, la charge
outre mesure avec des lingots qu'il a fabriqués, rentre
chez lui et attend sans émotion la journée du lendemain.

Le jeudi, il prend son repas à l'heure ordinaire et
se dirige vers le bois de Boulogne où a lieu la revue

des empereurs. Il lit, en s'y rendant, l'ouvrage de Casimir Wolowski sur la Pologne, et la dernière page sur laquelle ses yeux se sont portés — une marque l'indique — est celle où l'auteur rappelle le serment de Kilinski :

« Je jure à Dieu, à l'univers, à la nation... d'être toujours le défenseur fidèle de la patrie... Je m'engage à préparer tous les moyens pour faire réussir l'insurrection, à venger sur l'ennemi les malheurs dont l'un des nôtres pourrait tomber victime... Ainsi Dieu me soit en aide et le martyre de son fils ! »

Armé, résolu, confirmé dans son projet par cette ardente lecture, il s'approche du champ de manœuvres, aperçoit, mais de trop loin, les souverains passant sur le front des troupes, attend, embusqué au sommet de la cascade, pour se rendre compte de la direction du cortége, le voit s'engager après quelque hésitation dans le chemin de la Vierge, court au point où cette route coupe l'avenue des Réservoirs, puis saisissant son pistolet des deux mains et l'abaissant sur la voiture impériale, il fait feu simultanément des deux coups.

On vient de retracer cette scène douloureuse. Il me serait facile de faire appel à votre émotion ; je

2

veux m'en abstenir. L'arme fait explosion ; l'écuyer
de service à la portière de l'Empereur couvre les
deux souverains, et le lingot destiné à leurs poitrines
frappe son cheval à la tête.

Les témoins ont dit l'émotion de la foule, ses accla-
mations mille fois répétées quand elle apprend que
l'horrible tentative n'a fait aucune victime ; sa sou-
daine fureur se tournant contre Berezowski, les
efforts de ceux qui l'ont soustrait à une mort certaine.

Enfin on l'arrête. Il reconnait son crime, mais en
écartant toute pensée d'un attentat contre la vie de
Napoléon III. « La balle d'un Polonais, dit-il, ne pou-
vait frapper qu'un tyran. L'empereur des Français est
l'ami de la Pologne. »

Vous savez cependant si l'Empereur, oui ou non, a
couru le plus sérieux danger ; si la balle, sans l'obs-
tacle qu'elle a rencontré, n'allait pas l'atteindre ; si
enfin le double projectile, obéissant à une loi qu'ont
expliquée les experts, ne devait pas briser la double
poitrine des souverains.

Voilà le crime.

Quel en est l'auteur ?

Un homme qui s'est engagé dans l'insurrection polonaise, alors que tous les siens l'en détournaient ; vi-
vant seul, impatient de sa condition modeste ; passant
d'une idée de soumission à une pensée de meurtre ;
méditant dans la solitude l'histoire des fameux régicides.

Peut-être le dira-t-on patriote ; je l'affirme assassin.

Je ne vous dis pas ces choses pour accroître les
appréciations sévères que vous faites de l'accusé.
Qu'il ait hésité ou non dans son projet criminel ;
qu'il y ait cédé sans merci, ou qu'à un instant il y
ait renoncé ; qu'il ait obéi à l'exaltation patriotique
arrivée au paroxysme ou plutôt à une perversité pré-
coce et orgueilleuse, je n'ai pas à le rechercher.
Ce que je sais, c'est que vous avez devant vous le
coupable d'un grand crime.

Oui, d'un grand crime !

Il l'est par le rang du souverain dont il a menacé la
vie ; il l'est par les circonstances dans lesquelles il a
été accompli.

Le Czar visite ces grandes assises du travail univer-
sel ; hôte de l'Empereur et de la France, il s'avance
confiant et la poitrine découverte. L'accusé en profite.
La foule lui permet de cacher sa personne et son arme.
Il fait feu. Est-il un crime à la fois plus odieux et plus
lâche ?

Berezowski l'a compris. Aussi appelle-t-il à son
secours tous les sophismes révolutionnaires pour
masquer la honte de son action. « La Pologne et la
Russie sont toujours en guerre, a-t-il dit, et je tue mon
ennemi où je le rencontre. »

Vous avez déjà, MM. les Jurés, fait justice de ces
sauvages théories. La lutte, la lutte armée ne suppose-
t-elle pas l'égalité de l'attaque et l'égalité des armes ?
Où rencontrer cette égalité dans le crime du 6 juin ?

Le Czar est au milieu de nous ; il se fie à la
loyauté française. On peut le frapper sans doute,
mais, en le frappant, on invoquera vainement les
droits de la guerre.

Et si le crime est d'autant plus grand qu'il s'adresse
à une tête plus haute, que faut-il penser de la perversité du coupable ?

Le Czar réunit sous son sceptre des peuples sans nombre, et le vide qu'aurait fait une balle meurtrière ne saurait se dire.

Nous viendrons tout à l'heure aux griefs de la Pologne contre le gouvernement russe; en ce moment, je veux signaler à votre attention cette circonstance qui, dans des esprits comme les vôtres, doit peser d'un grand poids. Le souverain, à qui l'on reprochera des excès de sévérité, a souci des destinées d'un vaste empire. La Pologne parle de despotisme, la Russie de tendances trop libérales. La large émancipation des serfs a causé, vous le savez, dans la vieille Moscovie une émotion profonde. Peut-on dire étranger aux pensées généreuses celui qui a appelé à la vie civile 25 millions d'hommes? Y a-t-il équité à juger le Czar au point de vue exclusif des accusations de la Pologne? Et si la vie des chefs des nations est suspendue aux griefs des divers éléments qui composent leurs peuples, est-il un pays, sauf le nôtre si homogène, qui ne comptât un régicide?

Enfin, — et ici j'aborde le point le plus délicat de ma tâche, — je connais les égards dus à une nation malheureuse, et suis loin de contester le caractère rigoureux, excessif, cruel, si l'on veut, de la répression du dernier soulèvement de la Pologne. Mais les mesures violentes se sont-elles trouvées seulement du côté de la Russie?

L'insurrection n'a-t-elle pas provoqué des représailles
par des actes sans nom? Je répugne à insister sur ce
point; les malheurs de la Pologne ne permettent pas
de discerner ses fautes; et je ne ferai le bilan de la
dernière guerre civile que si l'on m'y contraint.

J'ai terminé, Messieurs. Vos devoirs commencent.
Si rigoureux qu'on vous les représente, ils n'ont jamais été plus faciles à remplir.

Le peuple de Paris, dont l'indignation voulait une
rapide justice, est à côté de vous.

La grande cité vous demande de laver la tache faite
à son hospitalité traditionnelle.

L'émigration polonaise vous livre le coupable. Elle
le flétrit dans maintes adresses. Ecoutez-la.

On peut reprocher à la Pologne les témérités de son
patriotisme, l'impatience avec laquelle elle attend le
jour si désiré de la reconstitution nationale. Mais elle
a toujours combattu le visage découvert, en soldat, et,
dans sa longue histoire, elle n'a jamais armé le bras
d'un assassin.

Dans de telles circonstances, en face d'une si una-
nime réprobation, l'hésitation n'est pas permise. L'é-
nergie s'impose comme un devoir à tout bon citoyen.

Ce sont là vos sentiments, MM. les Jurés, et votre
verdict sera une nouvelle et suprême explosion de la
conscience publique.

———————

Après la plaidoirie de Mᵉ Emmanuel Arago, M. le
procureur général a répliqué en ces termes :

MM. LES JURÉS,

Il y a dans la défense que vous venez d'entendre
bien des contradictions sur les faits, des détails diffé-
remment jugés, et des appréciations sur lesquelles de
la défense à nous la divergence est grande. Je les
laisse à l'écart : vous savez où est la vérité.

Mais, à côté de dissentiments secondaires, se place
une argumentation que je dois combattre.

Les proclamations du général Mourawieff, les

ukases du Czar, le code de la Russie ne sauraient dans leurs sévérités rencontrer aucun approbateur.

Que Mourawieff ait été impitoyable, que le code russe contienne d'étranges et injustifiables textes, je n'ai jamais songé à le contester, et ces dispositions ne peuvent s'expliquer dans des lois anciennes que par leur ancienneté même. Voulez-vous aller jusqu'à dire que la répression du dernier soulèvement a été sanguinaire? Je l'admets par hypothèse, sans avoir à le reconnaître ou à le nier.

Là n'est pas la question.

C'est aux termes suivants qu'il faut la réduire, si l'on va au fond du système de la défense. Est-il permis, même à un peuple opprimé, de se faire justice, et un paysan de la Wolhynie peut-il, en invoquant le deuil de sa patrie, frapper son souverain? En d'autres termes, que faut-il penser de l'assassinat politique ?

L'assassinat politique !

Il va d'abord contre son but.

Qu'il réussisse ou qu'il échoue, il fortifie le plus souvent ce qu'il voulait atteindre et jette sur la victime un énergique et émouvant intérêt. Vous en avez dans ce débat une preuve saisissante.

L'empereur de Russie a été reçu à Paris avec respect. Après l'attentat, il a été entouré de la sympathie publique. On l'a dit avec raison, ce n'est pas sur le Czar, c'est sur la Pologne que Berezowski a tiré.

Au point de vue du préjudice social, l'assassinat politique a les plus redoutables conséquences. Un grand publiciste l'a dit : « La vie la plus précieuse à » un Etat est celle du représentant de la souveraineté » de la nation et de son premier magistrat. Lorsqu'un » citoyen ose frapper ce magistrat suprême, la famille » civile perd son père, la tranquillité générale est » troublée, l'ordre public est détruit, la majesté du » trône ou de la république avilie. (1) »

Si, Messieurs, du crime nous passons à l'agent, la responsabilité qui pèse sur lui est effrayante. Voilà un homme qui cite au tribunal de sa conscience le souverain qu'il regarde comme le tyran de son pays. Il le juge, il le condamne, il l'exécute. Où trouver une perversité plus grande ? Si votre haine s'acharne contre l'oppresseur de votre patrie, si votre conscience ne recule pas devant les périls publics, agissez au grand jour, faites appel aux passions de vos concitoyens, à la lutte armée ; mais ne recourez pas à l'assassinat.

(1) Filangieri.

3

Cette théorie de la vengeance politique, MM. les Jurés, est-elle bien opportune? A cette heure même, et sur des rivages lointains, ne sert-elle pas à justifier un attentat dont le monde entier a frémi, et voudriez-vous fournir des armes à l'infâme meneur de l'anarchie mexicaine?

Je vous soumets ces appréciations, Messieurs. Elles élèvent vos esprits dans une région sereine où la notion du devoir se dégage avec évidence. A cette hauteur, toute considération secondaire s'efface : le jeune âge de l'accusé, le mobile plus ou moins coupable qui a armé son bras. Il ne reste plus qu'un grand crime à punir et.une grande leçon à donner.

Antoine Berezowski, reconnu coupable, avec admission de circonstances atténuantes, a été condamné aux travaux forcés à perpétuité.

Paris. — Imprimerie de E. Donnaud, rue Cassette, 9.

www.ingramcontent.com/pod-product-compliance
Lightning Source LLC
Chambersburg PA
CBHW061804040426
42447CB00011B/2475